Made in the USA
Coppell, TX
19 December 2022

90132965R00056